Inhalt

Null-Fehler-Fertigung - Qualität nicht kontrollieren sondern steuern

Kernthesen

Beitrag

Fallbeispiele

Weiterführende Literatur

Impressum

GENIOS WirtschaftsWissen Nr. 08/2008 vom
06.08.2008

Null-Fehler-Fertigung - Qualität nicht kontrollieren sondern steuern

I.Zeilhofer-Ficker

Kernthesen

- Das Ziel einer Null-Fehler-Fertigung kann mit konventionellen Qualitätsprüfungen per Stichproben nicht erreicht werden.
- Die kontinuierliche Überwachung von Produktionsprozessen, eine lückenlose Datenerfassung und Analyse sowie ein ausgefeiltes Fehlermanagement sind für eine fehlerfreie Produktion unerlässlich.
- Die Anforderungen einer eingebetteten Qualitätssicherung sollte bereits bei Design

und Planung der Fertigungsprozesse berücksichtigt werden.

Beitrag

Qualität macht immer dann Schlagzeilen, wenn Sie fehlt. Aufwendige Rückrufaktionen wie sie häufig im Automobilbereich auftreten oder weil Spielzeug plötzlich giftige Substanzen enthält, kosten nicht nur Unsummen an Geld, sondern können zudem den Ruf eines Unternehmens für lange Zeit ruinieren. So manche Firmenpleite ist auf kostspielige Qualitätsmängel zurückzuführen. Zu hundert Prozent fehlerfreie Produkte zu liefern, liegt deshalb im Interesse eines jeden Betriebs.

Stichprobenkontrolle reicht nicht mehr

Über Qualität wird nicht mehr viel gesprochen, man erwartet sie einfach. Kein Kunde ist heute mehr bereit, das neu gekaufte Auto mehrere Male in die Werkstatt zu bringen, bis alle Kinderkrankheiten beseitigt sind. Läuft das bei ALDI gekaufte Billig-T-Shirt schon beim ersten Waschen auf Kindergröße ein, bringt man es selbstverständlich zurück, um sein

Geld wiederzubekommen. Andererseits machen es globale Liefer- und Produktionsnetzwerke oft schwer, nur qualitativ einwandfreie Waren zum Verkauf zu bringen. So haben sich allein in der Automobilbranche qualitätsbedingte Rückrufaktionen von 55 im Jahr 1998 auf 167 im Jahr 2006 verdreifacht. Die Unternehmen erkennen aber mehr und mehr die Mängel ihres Qualitätsmanagements und investieren in moderne Prüftechnik. Seit 1997 haben die Umsätze der Branche um über 60 Prozent zugenommen. (1), (3)

Verließ man sich bisher hauptsächlich auf Stichprobenkontrollen oder bei aufwendigeren Bauteilen oder Maschinen auf eine Funktionskontrolle am Ende des Produktionsprozesses, so ist diese Vorgehensweise mittlerweile nicht mehr ausreichend, um den Kundenansprüchen gerecht zu werden. Zudem kosten fehlerhafte Teile viel Geld, denn sie müssen nachgebessert oder gar vernichtet werden. Wird der Fehler erst beim Kunden entdeckt, so summieren sich die Fehlerkosten schnell auf fünf- oder sechsstellige Beträge. Denn zusätzlich zu umgehenden Ersatzlieferungen, die meist alle Produktionspläne gründlich über den Haufen werfen, sind gegebenenfalls Schadensersatzleistungen bis hin zu teuren Reparatur- oder Rückrufaktionen zu erbringen. Sind Fehler erst einmal passiert ist es wichtig, dass ein effektives und effizientes Fehlermanagement in Gang gesetzt wird. Das heißt, die Fehlerursache muss ermittelt und analysiert werden. Anschließend sind Maßnahmen zu ergreifen, die die Fehlerursache beseitigen und für die Zukunft ausschließen. (2)

Doch um tatsächliche Null-Fehler-Produktion zu erreichen, ist das Fehlermanagement allein nicht genug. Der gesamte Produktionsprozess muss auf Qualitätskriterien hin überwacht, bei Abweichungen von Sollwerten muss sofort gegengesteuert werden. Die Qualitätssicherung muss in die Fertigungsprozesse eingebaut werden. Das gesamte Qualitätsmanagement muss von sporadisch auf systematisch umgestellt werden. (4)

Qualitätssicherung in Produktionsprozesse einbauen

Häufige Ursache von fehlerhaften Teilen oder Produkten sind schleichend auftretende Störungen an Fertigungsmaschinen und Anlagen. Beispielsweise wird die notwendige Prozesstemperatur um wenige Grad unterschritten oder der Druck reicht nicht mehr aus. Die Schneidemaschine ist nicht mehr exakt justiert und verursacht Abweichungen im

Millimeterbereich. Ein winziges lockeres Schräubchen kann leicht den Ausfall einer gesamten Produktionscharge verursachen. Mehr und mehr wird deshalb dazu übergegangen, Prozesse und Maschinen kontinuierlich zu überwachen und zukontrollieren. Im Pharmabereich wurde dazu ein Verfahren entwickelt (PAT = Process Analytical Technology), wodurch kritische Parameter des Herstellungsverfahrens kontinuierlich überwacht werden. Wurden alle kritischen Parameter eingehalten, so kann man sicher davon ausgehen, dass die Arzneimittel in der gewünschten Qualität hergestellt sind. Dieses Verfahren wird von den Zulassungsbehörden in USA, Japan und der Europäischen Gemeinschaft anerkannt. (5)

Doch auch in anderen Fertigungs- und Montageprozessen ist die kontinuierliche Kontrolle der Prozessschritte möglich und erstrebenswert. Die lückenlose Datenerfassung von Maschinendaten durch beispielsweise automatische Inspektionsverfahren ermöglicht die sofortige Gegensteuerung, wenn Abweichungen zu den gesetzten Toleranzgrenzen auftreten. Abhängigkeiten einzelner Parameter zueinander sind durch eine andauernde Datenaufzeichnung und Analyse feststellbar und Fehlerursachen so leichter erkennbar. Insgesamt wird die Produktion stabiler und verlässlicher, da alle gefertigten Teile den

Qualitätsvorgaben entsprechen. (6), (7), (8)

Allerdings ist es meist schwierig, Mess- oder Prüfgeräte nachträglich in Maschinen- oder Geräteabläufe oder Produktionsprozesse zu integrieren. Deshalb sollte schon bei der Entwicklung neuer Produkte und deren Fertigungsverfahren an entsprechende Qualitätssicherungssysteme gedacht werden. In Simulationen lassen sich nicht nur Produktionsabläufe planen und vorhersehen, es ist auch wesentlich exakter zu bestimmen, welche Parameter notwendig sind, damit unter Qualitätsgesichtspunkten das beste Produktionsergebnis erreicht werden kann. Qualitäts-Simulationsverfahren ermöglichen die qualitativ hochwertige Fertigung vom ersten Serienproduktionsteil an, aufwendige Nachbesserungen und Justierungen entfallen. (6), (9)

Fallbeispiele

Die Ober-Ramstädter Schlossmühle hat ein Qualitätssicherungssystem in ihre Produktion von diversen Getreideprodukten integriert. An verschiedenen Kontrollpunkten werden Getreide und

Mehle umfassend überwacht. Dazu sind NIR-Online-Industriespektrometer im Einsatz, die von der Rohstofflieferung bis zum Endprodukt für eine gleichbleibende Qualität sorgen. Darüber hinaus ist eine stetige Rückverfolgbarkeit der Produktionsabläufe gewährleistet. (10)

Koordinatenmessgeräte, die vollständig in hoch automatisierte Produktionsprozesse integriert werden können, gibt es bei der Firma Carl Zeiss. Die GageMax-Messgeräte sind voll fertigungstauglich und erlauben in Zusammenarbeit mit moderner Robotik eine höhere Flexibilität und Adaptivität moderner Produktionsverfahren. (11)

Die Herkules Elektronik GmbH, Baunatal hat kürzlich ihr Qualitätsmanagement durch zwei Inline-AOI-Systeme (automatische optische Inspektion) modernisiert. Das Inspektionssystem hilft, mögliche Fehlerquellen zu erkennen und agiert als Frühwarnsystem um Fehler zu vermeiden. Noch bevor fehlerhafte Teile produziert werden, erkennt das System Trendabweichungen und veranlasst gegensteuernde Maßnahmen. (12)

Weiterführende Literatur

(1) Qualitätsorientierte Fabrikplanung Ansätze zu

einer Methodik für die Unterstützung der Prozess- und Produktqualität
aus Zeitschrift für wirtschaftlichen Fabrikbetrieb, Heft 6/2008, S. 418-421

(2) Die Bedeutung von Fehlerfolgekosten im Rahmen des Fehlermanagements
aus Zeitschrift für wirtschaftlichen Fabrikbetrieb, Heft 6/2008, S. 404-406

(3) Prüftechnik - Stiefkind des Maschinenbaus? Rückrufaktionen und Gerätedefekte können für Maschinenbauer teuer werden
aus MSR-Magazin, Heft 06/2008, S. 18

(4) - QUALITäTSMANAGEMENT Null-Fehler-Fertigung noch nicht möglich mit den derzeit gängigen Instrumenten
aus MM MaschinenMarkt Nr. 15 vom 07.04.2008 Seite 82

(5) Mit dem Zweiten prüft man besser
aus CHEManager 11/2008

(6) INTERVIEW »Vorausschauende oder nur gefühlte Qualität?«
aus Kunststoffe - Werkstoffe, Verarbeitung, Anwendung, Heft 7/2008, S. 54-56

(7) - QUALITäTSMANAGEMENT Selbstlernfähigkeit gilt als Königsweg bei der Fertigungssteuerung
aus MM MaschinenMarkt Nr. 17 vom 21.04.2008 Seite

(8) Die Bildverarbeitungstechnik hält in der Post-Bond-Inspektion Einzug Null-Fehler-Produktion durch Bildverarbeitungstechnik
aus Markt & Technik, Heft Sonderausgabe 01/2008, S. S18

(9) Zuverlässigere Prozesse durch Virtuelles Qualitätsmanagement
aus Zeitschrift für wirtschaftlichen Fabrikbetrieb, Heft 6/2008, S. 448-451

(10) Kontinuierliche Überwachung von Qualitätsparametern mit NIR-Online-Industriespektrometern Schluss mit Stichproben
aus dei - die ernährungsindustrie, Heft 4, 2008, S. 64

(11) Messen mit Robotertechnik
aus Zeitschrift für wirtschaftlichen Fabrikbetrieb, Heft 5/2008, S. 348

(12) Herkules schultert breites Spektrum in der Auftragsfertigung Exzellenz im globalen Wettbewerb smartTec, Langen
aus EPP Elektronik Produktion & Prüftechnik, Heft 6, 2008, S. 108

Impressum

Null-Fehler-Fertigung - Qualität nicht kontrollieren sondern steuern

Bibliografische Information der deutschen Nationalbibliothek

Die Deutsche Nationalbibliothek verzeichnet diese Publikation in der deutschen Nationalbibliografie; detaillierte bibliografische Daten sind im Internet über http://dnb.d-nb.de abrufbar.

ISBN: 978-3-7379-1085-9

© 2015 GBI-Genios Deutsche Wirtschaftsdatenbank GmbH, Freischützstraße 96, 81927 München, www.genios.de

Alle Rechte vorbehalten. Dieses Werk ist einschließlich aller seiner Teile – z.B. Texte, Tabellen und Grafiken - urheberrechtlich geschützt. Jede Verwertung außerhalb der Grenzen des Urheberrechtsgesetzes bedarf der vorherigen Zustimmung des Verlags. Dies gilt insbesondere auch für auszugsweise Nachdrucke, fotomechanische

Vervielfältigungen (Fotokopie/Mikroskopie), Übersetzungen, Auswertungen durch Datenbanken oder ähnliche Einrichtungen und die Einspeicherung und Verarbeitung in elektronischen Systemen.